Lulzim Tafa

Expoziţie de vise
***
Ekspozitë me ëndrra

BIBLIOTECA
Literatura albaneză

Consilier de carte:
Dr. Luan Topçiu

Redactor: **Monica Mureşan**
Recensent: **Patricia Lidia**
Ideator: **Vezir Ukaj**
Corector: **Dorina Brânduşa Landen**
Coperta: **Laura Rushani**
Redactare artisticaă: **Amanda Edit**

* * *
Ky libër del në dritë në bashkëpunim me
Bashkësinë Kulturore të Shqiptarëve të Rumanisë
* * *
Cartea apare în colaborare cu
Uniunea Culturală a Albanezilor din România

Descrierea CIP a Bibliotecii Naţionale a României
TAFA, LULZIM
Expoziţie de vise / Lulzim Tafa ; trad.: Baki Ymeri ; pref.:
Marius Chelaru. - Sinaia : Amanda Edit, 2012
ISBN 978-606-8041-76-6

I. Ymeri, Baki (trad.)
II. Chelaru, Marius (pref.)

821.18-1=135.1

Poezie albaneza din Kosova
Lulzim Tafa

EKSPOZIŢIE DE VISE

Ekspozitë me ëndrra

(Poezie – Poezi)

Traducere / Përktheu:
Baki Ymeri

* * *

Prefaţa / Parathënia:
Marius Chelaru

Amanda Edit

Bucureşti (2012) Bukuresht

BIBLIOGRAFIE SCURTĂ

Lulzim Tafa s-a născut la 2 februarie 1970, în Lipian, aproape de Prishtina (Republica Kosova). Aparține generației poeților anilor 90 din cea mai grea perioadă pentru poporul albanez din Kosova, care fusese amenințat cu exterminare datorită nebuniilor războaielor din Balcani. Şcoala elementară şi liceul la Lipian, iar studiile de drept şi cele ale magistraturii le-a absolvit la Facultatea Juridică în cadrul Universității din Prishtina. Între timp la Universitatea Publică din Saraieva, a susținut teza de doctorat devenind doctor în ştiințe juridice. Concomitent cu cărțile ştiințifice, este autor şi a numeroase altor publicații din domeniul literaturii.

Până în prezent a publicat următoarele volume de poezie: „Sângele nu devine apă" (Editura Rilindja, Prishtina, 1993); "Metafora Tristeții" (Rilindja, Prishtina, 1997); "Planeta Babilonului" (poezie dramatizată, Rilindja, Prishtina, 1999); "Mai am încă două Cuvinte" (Edit. Faik Konica, Prishtina, 2011; "Treabă de Diavol" (poeme alese, Edit. Gjordan-Studio, Saraieva, 2011); "Expoziție cu vise" (Amanda Edit, Bucureşti, 2012). Este tradus în câteva limbi de circulație universală, a fost laureat a mai multor premii literare, fiind cuprins în câteva antologii. În acelaşi timp, participă la diferite activități din domeniul Drepturilor Omului. Scrie poezii şi piese teatrale, dar se ocupă şi cu critică literară şi publicistică. Este profesor universitar în câteva universități din Kosova şi străinătate. Actualmente este Rector al Universității AAV. Trăieşte şi crează la Prishtina.

Trenurile negre ale exilului și expozițiile de vise

„Noi nu mai suntem
Unul a murit
Celălalt a fost ucis de armată
Unii în exil
....
Prietenele clasei noastre
Unele așteaptă trenurile negre
Unele au devenit muieri de exilați
Și s-au dus cu vaiete."
Lulzim Tafa, *În lipsa noastră*

Selecția tradusă de Baki Ymeri grupează poemele lui Lulzim Tafa în secțiunile: „Expoziție de vise", „Cântece teribile", „Parodii negre", „Cu sinele meu" și, în încheiere, „Mai am încă două cuvinte". Regăsim în acest volum semnat de Lulzim Tafa o arie de motive/ tematică destul de diversă, de la exil (un exemplu – poemul *Botezurile*) – o temă întâlnită, aș spune, date fiind împrejurările în care ajung aceștia să scrie despre ea, din nefericire, la mai mulți autori albanezi care au fost traduși în ultimele două decenii în limba română, deși abordată, evident, de fiecare în propria manieră.

Universul tematic/ de motive al autorului include și orașul, ploaia, trecutul, războiul (cu armata, soldații, gloanțele ș.a.); exemplu ar fi poeme ca *Luptătorii, Hoții de maci, Reportaj al luptei sfinte* ș.a., apoi, concret, conflictul din Kosovo, cu poeme ca *Puternicii, Atmosferă de luptă*. În afară de acestea, privește și înspre oglindă, spre propriile trăiri, sentimente, și scrie și despre dragoste, amintiri, vremuri trecute, cotidian, patrie ș.a. Cu toate acestea, e greu de spus dacă avem vreo temă ori vreun motiv dominant. Mai curând, poate şi pentru că avem de a face cu o selecţie din mai multe cărţi distincte, volumul pare un mozaic, din acest punct de vedere

Să notăm şi că foloseşte adesea nume de locuri, personaje legendare/ folclorice, obiecte ş.a. care „leagă" acest univers de ce înseamnă Albania/ Kosovo: Teuta, Gjergj Elez Alia, Drina, Rozafat, Shkodra, Ulginj ş.a. sau obiecte, cum ar fi çiftelia, instrument popular al oamenilor locului. Dar şi folosirea de către Lulzim Tafa a unui vocabular relativ bogat, cu un „decor" aşijderea, de la oraşul cotidian, câmpul de luptă, la cel antic, ori livadă etc. Autorul construieşte uneori figuri de stil/ expresii poetice interesante (deşi nu într-o gamă stilistică foarte variată, deşi probabil că este ceva care ţine de opţiunea sa). Câteva exemple: „în fiece zi mi se usucă/ fructele imaginare"; „am îmbrăcat/ şi dezbrăcat/ pielea stejarilor"; „harta durerii/ tatuată pe buze"; „tristeţea/ o să o punem/ vie/ în coşciug"; „călătorului/.../ o să-i luăm/ bocceluţa doldora de durere". Sunt însă şi exemple de frazare ternă „focul infernului/ cine îl va/ stinge".

Unele poeme (deşi cu metafore interesante, uneori) au titluri „criptice" faţă de ce cuprind versurile – exemple: *Demisia* (în care „coafezi noaptea/ ca pe o codană", alte poeme sunt mai puţin reuşite/ cizelate – *Declaraţie patetică*, de exemplu. De altfel, şi secţiunile par inegale, din anumite puncte de vedere, între ele. La fel, şi poemele care au ca temă iubirea, deşi unele sunt reuşite şi par zicerile unui, ca să îl cit	ăm pe autor, „haiduc al iubirii". Există în volum, în unele poeme, şi un nume de femeie iubită, Aicuna.

Pe un alt plan, pornind şi de la ideea că forma este, cum spunea Flaubert, „trupul gândirii", la Lulzim Tafa balanţa dintre formă şi substanţă nu este una dezechilibrată, iar simbolistica, mugurii de sensuri nu putem spune că lipsesc. Autorul caută să confere universului creat în zicerea sa în vers o identitate, configurându-l fără apăsare, fără ostentație în exprimare, și fără tentă patetică, dar, poate, uneori cu nuanțe enunțiative.

Un volum cu „căutările" dar și plusurile lui, al unui autor care dovedește cunoașterea vocabularului limbii sale, dar și apetența pentru oarecare diversitate tematică. Poetul este însă prin definiție un „căutător", un cavaler (ori scutier) al cuvântului care caută, încearcă diverse drumuri prin lumea limbajului și expresiilor poetice, până își găsește propria potecă. Dar să încheiem citându-l pe Lulzim Tafa: „copilul în plus al oricărei mame devine poet"; sau: „când se supără zeii/ se nasc poeții." Nu cred că în cazul său zeii s-au supărat sau că este un „copil în plus" al poeziei, căci este unul încă, din anumite puncte de vedere, pe calea căutărilor, dar pe o potecă care poate e la hotarul țării poeziei, măcar cu un pas pătruns prin poarta de vis dincolo de care muzele picură în cerneala sa mierea cerurilor cuvântului .

Marius Chelaru

Expoziţie de vise
(Ekspozitë me ëndrra)

AI ADORMIT SUB LUNĂ TIMPURILE
(Ke fjetur nën hënë kohët)

Doar unghiile au rămas unghii
Ziua de mâine ne aduce ceva nou
Cu cea bătrână de ieri ne-am însângerat.
Calul în ploaie
Câte picături te-au bătut în acea zi
Când veneau şi alţi cumpărători
Vânzători de struguri şi bostani
Pentru a schimba destinele.
El îşi ridica privirea spre cer
Soarele n-are de gând să apună
Nici azi
Ploaia se va opri într-o zi
Într-o zi da într-o zi.
Se spune că ploaia nu topeşte calul
Calul care zace în ploaie şi se usucă în adiere
Calul fără număr
Fără frâu
Fără Dumnezeu
Calul aburit în ploaie.

AI DORMIT SUB LUNĂ
(Ke fjetur nën hënë)

Nu ţi-e milă de mine?
Nu cumva soarele ţi-a rănit ochii?
Ai dormit sub umbra lunii
Şi nevrând te-am ascuns în cântec.
De ce plângi?
Nu ţi-e milă că ochii
Vor veni în cântecul tău
Şi voi uita calea-ntoarcerii?
Din vaietul răutăcios,
Din visul cel negru,
Te rog nu plânge
Nu ţi-e milă de mine, copilo?

DUMINICILE NU MĂ STRIGĂ
(Të dielave mos më thirr)

Duminicile nu mă strigă
Se poate să nu mă trezesc
Pe veci rămănând în somnul morţii.
Nu uita momentele îngheţate
Doar duminica se alege ziua ta.
Pentru tine, când voi muri
După şapte munţi, voi căuta numele tău.
Ah! cum de nu mai vii în celelalte zile.

TEUTA
(Teutë)

Diseară te chem Teuta
Să mergem la cârciuma Otrava
Pe care limba ta o scoate.
Ochii tăi – prevestitori de gheață
În ramura spartă
A destinului mut.
Teuta
Ție ți se-nchină zeii.

MÂINE
(Nesër)

Ne vom aşeza din nou Teuta
Pe scaunele de lemn
Să ciocnim pahare sticloase
Ca destinele ca inimile.
Din nou să ne aşezăm
Amintirile să le trăim
Să citim versurile
Nopţilor scrise.
Dă-mi ochii să văd soarele
Cum cad stelele
Cerul cum cade.
Ne vom aşeza din nou, Teuta
Să povestim visele
Nopţilor scrise.
Cu ochi deschişi să ne prindă zorile
Din nou ne vom aşeza
Pe scaune de lemn
Atenţie Teuta
De Viaţă
De Moarte
Atenţie...

ŢIN MINTE CHIPUL TĂU
(Fytyrën ta mbaj mend)

Ţin minte chipul tău
Sângele – lacrimă îngheţată
Acoperindu-mă.

Ţin minte limba ta
Şarpe – otravă neagră
Înfăşurându-mi destinul.

Când tu dormi
Eu mă trezesc
Cu amintirea ta.

ORAŞ ANTIC
(Qyteti i lashtë)

O adiere uşoară bate îngheţată
Oraşului antic vântul îi scutură pleoapele.

Nu sunt nebun să te vreau
Oraş antic al primei iubiri.

Cu palmele drumuri să măsurăm
Oraş antic fără castel de piatră

Care merge ca ceasul.

NOAPTE BUNĂ PLOIOASĂ
(Natë e lehtë me shi)

Noapte bună ploioasă
tăcerea oraşului te ucide
anotimpurile-ntârziate
călătorul-ntârziat
în oraşul ud.

Noapte uşoară ploioasă
călătorul-ntârziat
în oraşul umed
diseară pune coroană
mortuară

Noapte uşoară cu ploaie
nu distruge urmele mele
în oraşul cu miros de sânge.

MÂINE VA PLOUA
(Nesër do të bie shi)

Nu ne vom vedea mâine
Este Duminică
Şi va ploua

Vom dormi un secol.

Nu ştiu
Soarele se va ivi
Sau ne vom vedea
După ploaia cu soare.

Mâine o să plouă
Mă voi închina ţie
Ochilor tăi
Nenorociţilor zei.

Nu ştiu dacă plânge Domnul
Ori plouă
Nu ne vom vedea mâine
Când va ploua.

Mâine vom muri amândoi.

ÎN LIPSA NOASTRĂ
(Në mungesën tonë)

Noi nu mai suntem
Unul a murit
Celălalt a fost ucis de armată
Unii în exil
Ce mult ne-am întristat
După o zi.

Prietenele clasei noastre
Unele aşteaptă trenurile negre
Unele au devenit muieri de exilanţi
Şi s-au dus cu vaiete.

Doar una s-a oprit
La poarta clasei şi-a scurtat părul
Dând semn că noi
Ne vom uita.

DEMISIA
(Dorëheqje)

Dacă vrei
Iei pieptenele şi
Coafezi Noaptea
Ca pe o codană..

Vopseşte-i unghiile...

POEŢII
(Poetët)

Când se supără zeii
Se nasc poeţii.
La primul semn de viaţă
Se scoală împotrivă propriului stăpân.
Protestează
Când cresc
Devin ştrengari
Împrăştie afişe
Împotrivă sinei lor
Ca demonstranţii prin oraş
"Copilul în plus al oricărei mame
Devine poet"...

CÂND VOI MURI
(Kur të vdes)

Când voi muri
Nu plânge iubito
Te-am trădat
Cu fecioarele unei alte planete.

Când voi muri nu plânge soro
Galopez pe calul lui Gherghi*
Peste valurile mării...

Când voi muri nu plânge mamă
Doar alăptează
Aceste
Metafore
Melancolice
Ca pe mine cândva...

---

*Gjergj Elez Alia, personaj folcloric

TEORIA EXPLICAŢIEI VISELOR
(Teoria e shpjegimit të ëndrrave)

Dacă ai văzut în vis Şarpele
Cineva ţi-a oprit jocul.

Dacă ai văzut în vis Libertatea
Cineva cochetează cu Robia ta.

Dacă ai văzut în vis ochii mei
Cineva te-a înşelat.

Ţi-am spus încăpăţânato
Ţi-am spus
Nu dormi
Fiindcă visele îţi scot
Iubirea pe nas...

DRUMURILE
(Udhët)

(A)
N-au început nici sfârşit
Există drumuri fără cap
Sunt drumuri
Ce se intersectează
Există drum fără drum
Dar drumul
Se găseşte
Întotdeauna
Porneşte tu
Hai
Drum bun...

DECLARAŢIE PATETICĂ
(Deklaratë patetike)

Să mor eu pentru tine
Ce bună eşti măi Zână
Ce grele îţi sunt
Acele fire...

ERMETICE
(Hermetike)

Am să te închid
Va durea ca să te deschid
Nici tu nu ştii unde eşti
Nici marea nu se va vedea
Nici ţărâna
Mai mult
Nu va mai
Face
Zap...

COMPLEX
(Kompleks)

Două prostituate
Frumoase
Zeiţe.
Beau cafea şi privesc
În ceaşcă
Liniile şi drumurile.
Unghiile picioarelor şi le vopsesc
Ca de obicei
Stârnesc dorinţe
Şi vise la mare
Păsări în cer
În această lume...

(Istanbul, 2001)

FRISOANELE
(Ethet)

Harta durerii
Tatuată pe buze
Ştie să citească
Drumul pe care mergi.

Frisoanele tari
Şi reci
Ale frigurilor
Frisoanelor vii...

Iată unde mi-au apărut
Dar tu nu ai nici o vină
Că nu ştii să citeşti
Această artă absurdă
A liniilor de pe buze...

LUNA
(Hëna)

Cel puţin munca ta
Dacă o ştiam
După o comunicare lunatică
Noapte de noapte
Luna
Clară sau posomorâtă.

Cântece teribile
(Këngë të tmerrshme)

MOARTEA PREVESTEŞTE
(Vdekja çon fjalë)

Eu voi fi ucis în acest război
Pentru fiecare nasture
Al jachetei
O să iau câte un glonţ
Şi fiecare picătură de sânge
Va deveni nasture
În cămăşile şi jachetele
Ostaşilor şi căpitanilor
Mei...

CÂNTECE TERIBILE
(Këngë të tmerrshme)

Vai domnule răutățile
Se scoală și vin
Le așteptăm în piept
Umili, ne aplecăm ceafa.
Vai domnule răutățile
Vin înainte de zori
Salba de gloanțe
Și brâul cu cuțite
Vai domnule
Și se înfurie fără frică
Peste cefele prudente
Peste pieptul calm.
Vai domnule
Și se scoală și vin
Ferește-ne Doame...

Iată că vin...

(Prishtina, 1999)

PUTERNICII *(Të fuqishmit)*

I.

Atacă Kosova
Cei puternici
Cu autoblindate moderne
Cu-mbrăcăminte
Şi cagule
Antiglonţ.

Cu sprijin
Naţional
Şi ceresc
Masacrul fusese legitim
Sprijinit pe aliniatul 1
Despre uciderea tuturor albanezilor...

II.

Fuseseră ucigaşii cei mai umani
Glorioşi
Au ucis fără deosebire
Bărbaţi
Femei
Copii...

Ucideau şi cântau
Dumnezeule
Domnul îi ajuta...

Dumnezeul vostru
Să fie ucis
De Domnul meu...

(1998)

34

LUPTĂTORII
(Luftëtarët)

Aseară
Nu am putut adormi
Nu ştiu dacă avem pâine
Pentru diseară
Şi praf de puşcă
Pentru mâine...

(1999)

ATMOSFERA DE LUPTĂ
(Atmosferë lufte)

În Kosova acelor zile
Se scumpise pâinea
Uleiul
Mălaiul
Doar vieţii
Îi scăzuse
Preţul
Moarte
Aveam din abundenţă.

HOȚII DE MACI
(Hajdutë lulëkuqesh)

Nu fiindcă s-a vărsat sânge
Nu fiindcă pruncilor
Le-au semănat schije în obraji.

Ci fiindcă sângele
A curs
Iar pe omul
Ca un mac
L-a sfâșiat...

BOTEZURILE
(Pagëzimet)

Nu le botezaţi copiii
Cu numele Mërgim*
Urtak**
Durim***
Fiindcă ne rămân munţii
Fără viteji...

---

*Exil
**Prudent
***Răbdare

MOTIV
(Motiv)

Primul copil
Care s-a născut vara asta
A fost botezat Durim
Iar mie
În fiece zi mi se usucă
Fructele imaginate.

Bine că nu e
Bunicul viu.

Mă duc cum spun bătrânii
Cu dorul nestins
Al mărului roşu...

NOI
(Ne)

N-am făcut altceva decât
Să ne îmbrăcăm
Şi dezbrăcăm
De metafore.

Am îmbrăcat
Şi dezbrăcat
Pielea
Stejarilor...

Cu giulgiul
Am îngemănat
Vlăstarele.

Am uitat patria
Giulgiului
Iubirii...

Şi a frumosului...

REPORTAJ AL LUPTEI SFINTE
(Reportazh i luftës së shenjtë)

Noi robii luptei fugim în sus
Nu ştim încotro am pornit
Nici unde ajungem pentru lumină
Ei ne urmăresc ne-au înconjurat
Ei cu bocancii şi dinţii de fier ai luptei
Noi descălţaţi înfometaţi nebărbieriţi
De-o săptămână nespălaţi cu părul ca sârma
Fire-fire sufletul mestecăm disperarea
Scuipăm bucatele destinului însângerat
Iar cuvintele vii ni s-au lipit pe limbă
Ele vorbesc noi tăcem cădem în cerc
Ridicăm mâinile ne predăm lupului
Cădem în mila lui
A dinţilor şi ochiului său sfâşiat
Ochii noştri cresc
Trei violatori au năvălit peste o femeie
Ce bătălie inegală a destinului
În faţa ochilor noştri porno vie apare
O pot vedea şi copiii minori
Care stau în coada frigului
Erecţia sexului nu ni se trezeşte
Ne cuprinde erecţia morţii
Biata de tine femeie bună
Carne vie oare am scăpat ne-am trezit
Lupta a emigrat în alta viaţă
Şi vitejii muntelui cu aripi...

TERITORII LIBERE
(Territoret e lira)

Erau teritoriile libere
Şi eram şi noi
Ziua era lunga şi fericită
Noi ne sărutam sub un măr
Pe neaşteptate au-nceput să cadă rachete
Teritoriile libere
S-au schimbat în teritorii deşarte
Pustii am devenit şi noi
Acuma oare
Cine se sărută acolo
Sub acel măr deşert...

TREI ZILE ALBANIE
(Tre ditë Shqipni)

Să dea Domnul...
Şi dacă am deveni scrum şi cenuşă
Am fi fost fericiţi
În acele trei zile de Albanie...

RAPORT DIN KOSOVA '99
(Raport nga Kosova '99)

Aici nu se calcă drepturile
Şi libertăţile omului
Aici se calcă numai capetele...

Haiduceşte
(Kaçakçe)

IUBIRE DE HAIDUCI
(Dashuri kaçakësh)

Singură m-ai chemat
Apoi ai strigat
C-ai să mă ucizi.
Am scos pistolul de la brâu
Tu mi-ai-nfipt în ochi sabia
În timp ce mâinile mele
Cuprindeau sânii tăi
S-a cutremurat casa.
Singură m-ai chemat
M-ai trădat
De ce
Măi frumoaso
Iubito
Ce mizerabilă...

JUCĂRII
(Lojra)

Eu arunc pietricele
În câmp minat
Şi...
Cu ochii închişi caut
Bucata de măsline în tine
Mă satur când n-o găsesc.
Când o găsesc vomit dulce
Mă cuprinde tremurul
Fugi mai bine de mine
Aicuna
Că dacă ne-am culca noi
S-ar naşte bastarzii...

LUPTĂ
(Luftë)

Aicuna a fost
Prinsă
Că-i dădea hoțului
Lapte de la sân
De aceea i-au ars casa.
Din fereastra de unde-mi făcea cu mâna
A ieșit fum negru.
Dar eu nu mai eram
Un haiduc al iubirii
Ochind cu pușca
Ținta
Pe valea
Observației crude
Printre haiducii
Mă uităm cu mirare...

DESPĂRŢIREA INEXPLICABILĂ
(Ndarje e pashpjegueshme)

Tu nu mă mai ai pe mine
Şi nici eu pe tine
Te-am crezut vitează
Aicuna
Ce-i cu această lacrimă în ochi...

CONTRAVEGHERE
(Kundërvëzhgim)

Stai pe şes Aicuna
Sprijinită de dor
Şi priveşti plângând
Înspre munte
Minţile sunt legate cu batic
Astă seară
Vei fi atacată
Aicuna
Să nu-ţi fie teamă
Că voi deveni
O gherilă exactă...

NERECUNOȘTINȚĂ
(Mosmirënjohje)

Bine
Aicuna
Să știi că ai fi tăiată
Dacă n-ar fi Haiducii...

POTOPUL
(Përmbysja)

Aicuna a părăsit turma
Lăsându-le
Ciorapii pe sârmă
A devenit hacker
A spart passwordul meu
Şi când a văzut
Cum trădează vitejii
Funie sau stejar
N-a găsit nicăieri.
Până-ntr-o zi
Pe neaşteptate
A apărut frumoasă
Pe ecran
Făcând reclamă prezervativelor
Companiei
"My Love"

Parodii negre
(Parodi të zeza)

VITEAZUL PRINCIPAL
(Kryetrimi)

Eroul fusese înconjurat
Din toate părţile
Iar el ascuns în culă
Cu o prostituată
Făcea sex
Disperat adânc
De istoria
Pe care nu o cânta
Niciodată
Lăuta sau ciftelia*...

_____

Instrument popular albanez

DISPERAREA
(Dëshpërim)

Fecioara nefericită
Şi-a tăiat părul
Iar acum furioasă
Merge la izvor
Nicicând nu i-au secat ochii
De când i-a spus un prieten:
Hasan Aga a devenit Gay
Are un iubit la UNMIK...

LUPTĂTORUL ŞI FEMEIA
(Luftëtari dhe luftëtarja)

Luptătorul înnebunea în bătălii
Când femeii luptătoare
Îi venea menstruaţia
Se spune că foarte rău
Ţeava puştii
O aţâţa.

ALTARUL
(Altari)
(Lui Havzi Nela)

Un Tribunal cu jurisdicţie
În calitatea de vinovat l-a condamnat
La moarte prin spânzurare-n funie
Apoi jupuirea pielii pictorului
Care avu curajul să deseneze
Un om mare aşezat
În instrumentul calului.
Au reacţionat grupuri de homosexuali
Necrofili pedofili zoofili
Partide ieşite
Din pace din război.
Parlamentul
Europei
Ugandei
Kosovei
Uniunea scriitorilor
Artiştilor ziariştilor
Dar Tribunalul nu şi-a retras
Pedepsirea cu funia
Nici pictorul
De pe altar...

BLESTEMUL
(Nama)

Fie mâncată de câini
Această patrie
Care de vii
Ne-a băgat în pământ...

APA
(Uji)

O, dispară totul
Nici-un sforăit
Pentru ora morţii
Nu se va găsi.
Nicio picătură
De stropit
Focul infernului
Cine îl va
Stinge.

CÂINELE MINISTRULUI
(Qeni i ministrit)

El umblă cu el
Prin târg
În fiece seară.
Pe oamenii îi salută amândoi
Când ministrul mişcă capul
El se joacă cu coada
El latră când el se-ncruntă
Ce bine se înţeleg
Câineşte şi omeneşte
În aceleaşi timp...

Cu sinele meu

(Vetë me vete)

CÂND A ÎNNEBUNIT BARDHI
(Kur u çmend Bardhi)

Când a înnebunit Bardhi
Nu fugeau oamenii de el
Fugea el de ei
Înjura state şi puteri
I se părea că
Un cocoş cânta
În toiul nopţii.
Fereşte-ne Doamne
De cocoşul rău care minte.
Le spunea oamenilor
Dispăreţi
Miros de corb vă vine.
Când a alunecat Bardhi
M-am dus să-l văd
Dacă a înnebunit
Cu adevărat...

CU SINELE MEU
(Vetë me vete)

Greu
Dar trebuie forță
Fi-ți-ar mama ta
Soarele ți s-a apropiat
Atât de tare încât
Văpaia te arde
Fi-ți-ar mama ta.
Cei ce nu sunt nu mai vin nicicând.
Cele care sunt nu sunt de ajuns
Nu ești sigur
Daca Cel de Sus e cu tine
Iar oamenii ți s-au suit în ceafă
Împreună cu puterea.

Greu
Dar trebuie
Eh
Fi-le-ar mama lor.

STEJARUL
(Lisi)

Să te ridici şi să ucizi
Cel mai bun albanez
Este un blestem.
Nu eşti stejar
Să te întorci
Şi să ucizi
Pe cel mai rău.
Se naşte iar un blestem.
Nu e stejar
Cel al cărui mamă plânge.
Acea mamă
E o coadă de topor.

PUBLICUL
(Publiku)

Cei care s-au aşezat
În primul rând,
Deseori îşi caută mama.
Nicicând nu înţeleg arta.
Partea cealaltă e corectă...
Străluceşti precum aurul.

NORMA
(Norma)

Cine ucide un
Inamic într-o bătălie,
Are drept
Să ucidă
Zece albanezi
Pe timp de pace...

Pace e aceasta?
Vai de capul nostru!

PATRIOŢII
(Atdhetarët)

Iubesc mai mult
Patria,
Îi sărută glia apoi,
Se înjură pe pietre şi lespezi.

Să nu mă-ntrebi
Că plesnesc...*

---

*În sensul Că mor...

MAREA PRETENŢIE
(Pretendim i madh)

Speranţa este
Că tristeţea
O să o punem
Vie
În coşciug
Iar călătorului
Din mână
O să-i luăm
Bocceluţa
Doldora de durere...

EPITAF

Nu se mai scrie
Un vers
Ce sentimente muzelor
Le-a adus Libertatea.
Mama
Să le-o fut*
Cum de a murit
Poezia...

---

*În albaneză, fut înseamnă a băga

Mai am încă două cuvinte
(I kam edhe dy fjalë)

FECIOARA DIN DUKAGHIN
(Vasha e Dukagjinit)

Tu nu semeni dimineţii
Nici liliacului înmugurit.
Fragedă eşti
Mai fragedă decât lacrima
Decât apele Drinei
Albe
Decât apele Drinei
Negre
Decât Roua
Şi Picătura de Ploaie.

Sfântă eşti
Mai sfântă decât
Podul cel Sfânt
Decât Rozafa
Decât sora
Lui Gjergj Elez Alia
Frumoasă eşti
Mai frumoasă

71

Decât fecioarele din poveşti
Ca un cristal eşti
Cristalin ţi-e ochiul
Filigran de pus pe inele.

Băieţii tineri
În faţa oglinzii
Se sinucid
Nimic nu aseamănă cu tine
Mai mult decât bujorul
Fecioara Dukaghinului
Ai grija de Semilună
Şi de baticurile negre
Când îţi împleteşti şuviţa
De Sfântul Gheorghe...

PRESENTIMENTE
(Parandjenjat)

Există meteorologi
Exacţi
Ai destinului
Care prevăd
Temperatura
Sângelui
Şi a durerii pentru mâine.
Pentru gemete şi tremur -
Şapte stâlpi ale Merkalului în inimă.
Pentru picăturile ploii
Şi ale dorului
Pentru sărut
Ce puţine săruturi!

CIREŞICĂ
(Qershizë)

Tu mai mult
Decât oricare
Pom din grădină
Ai cireşe
În ochi
În buze
În sân...

IDILA
(Idilë)

Tocmai te-am văzut
Mi-au rămas ochii
În ochii tăi
Mi-au rămas buzele
În buzele tale
Am rămas cu totul
În tine
Ai rămas
În mine...

O TOAMNĂ LA SHKODRA
(Një vjeshtë në Shkodër)
Shkodra e plină de iubire
(*Cântec popular*)

Toamnă răsfățată în curcubee
Şi Shkodra e plină de toamnă
Ce mare iubire-i în Shkodra
Iar noi, fără noi, pentru piersici...

ULQINAKE

Mă-mbăt când-mi aduc aminte
De tine, Ulqinja mea*
Mititică -
Boabe de măsline
Aveai în ochi
Şi-n vîrful sânilor.

Acea noapte şi
Părul tău lung...
Pasiunea în valuri
Şi limba
Şi sfârcurile ce ţi le-aţâţ...
Gust al vieţii, Ulqinja
Ramură şi măslin...

_____
După oraşul Ulqinj

LAMENET
(Lui Azem Shkreli)

Poetul nicicând nu punea
Punct versului
Dar când s-a umplut
Cu dor de exilaţi
Într-o zi
Acel punct i-a căzut în inimă
S-a grăbit
Fiindcă vroia cu moartea
Să aterizeze
În Kosova
Şi azi
Moartea i-a devenit
psalm de bucurie
Poetul n-a murit
Doar i-a căzut punctul
Versurilor...
În inimă.

PLOAIA SFÂNTĂ
(Shiu i shenjtë)

Pentru oraşe pietrele din pământul pustiu
Pentru câmpiile cu câini purpurii şi cai orbi
Pentru oamenii din trenurile negre şi pline
Pentru livezile cosite de duşmanul tăiat cu coasa
Pentru pietrele de hotar din pietrele de mormânt.
Pentru obeliscurile geloase
Pentru eroii ceţii.
Pentru Mecca albaneză
Pentru Vatican
Pentru pelerinajul nou
Pentru infamii profeţi huliţi
Pentru teatrul de sub luna nesimţitoare dat de
domnul egoist.
Pentru asociaţia scriitorilor poeţilor poliţiştilor
inamicilor
Pentru Teuta azilul iubirilor uitate
Pentru redactorii invalizi şi ziariştii amăgitori
Pentru casele publice
Bastarzi
Prostituate
Pentru păcatele monstruoase
Pentru dovezile
În diavolul blestemat
Sunt
O mie şi o sută de motive pentru care
Până la sfârşit acea ploaie
Sfântă
Va cădea...

CEA DE A DOUA CHEMARE A PLOII SFINTE
(Thirraja e dytë për shiun e shenjtë)

Pentru visul destinului cu gâtul tăiat
Pentru gustul cel dulce al pulpei vii
Pentru gheaţă focul apa dogoare
Pentru sicriele umplute cu dor
Pentru sângele libertăţii robia în ghicitoare
Pentru porumbei porumbiţele în kalaşnicovi
Pentru mame voalul valizelor pline de durere
Pentru vitejii fricoşi şi libertatea fără sens
Pentru rugina inimilor despărţite în trei
Pentru ispravnicii bâlbâitori ai domnului în ureche
Pentru eroii vii şi martirii disperaţi
Pentru pielea cu râie şi fiinţa urâcioasă
Pentru ploaia abilă care nu-ncepe să cadă
Pentru fantasmele canibalilor sub umbră
Pentru giulgiul alb al feţei negre
Pentru dintele stricat al speranţei frumoase
Pentru iubirea care se leagănă pentru Itaca nouă
Pentru mine pentru tine pentru noi...

EROTICĂ UŞOARĂ
(Erotikë e lehtë)

Îţi aminteşti
Când eram
Tineri
Şi te dezbrăcam
Din priviri
Tu nicăieri
Iar eu
Peste
Tine.
Cândva târziu
Ni se amestecau
Degetele şi ţipetele.

NEÎNȚELEGERE
(Mosmarrëveshje)

Dă-mi mărul
I-am spus
Ea mi-a dat
Merele
Ca o cireaşă
S-a îmbujorat
Iar eu
Am ajuns
În vârful ei
De cireş...

TELEFONUL
(Telefoni)

Melancolic sună
În toiul visului
De la miezul nopţii
Telefonul albastru
Prin firele sale ţine vie
Legătura inimilor...

IUBIRE RADIOFONICĂ
(Dashuri radiofonike)

Ideea radioului
S-a născut
Din iubire
Fiindcă inimile poartă
Legături radiofonice...

EXPOZIŢIE DE VISE
(Ekspozitë me ëndrra)

În galeria de artă
Cât de curând voi deschide
O expoziţie de vise
Şi veţi vedea
Cum va zdrenţui ochii
Omenirii
Şi cum va înnebuni
Critica...

MAI AM ÎNCĂ DOUĂ CUVINTE
(I kam edhe dy fjalë)

Tacticos
Mai am încă două cuvinte
Că vreau să-i-ntâlnesc pe ucigaşi
Şi să-i-ntreb
De ce ne-au ucis...

Muzat që derdhin në Kosovë mjaltën e qiejve të fjalës*

Poeti posedon një shpirt të florinjtë dhe kosntrukton, herë pas here, figura stilistike dhe shprehje poetike interesante në kuadrin e një game variacionesh të ndryshme që ndërlidhen me opcionin e tij. Ai shkruan me një ndjeshmëri të veçantë për dashurinë, për kujtimet dhe kohët e shkuara, për luftën çlirimtare, për përditshmërinë dhe atdheun e tij. Në vargjet e tij defilojnë muzat shqiptare që të joshin me mjaltën e qiejve të fjalës. Autori kërkon të konferojë universin e krijuar përmes identitetit të plasuar në varg, duke e konfiguruar pa këmbëngulje në të shprehur, dhe pa ndonjë prapavijë patetike, por shpeshherë me nyanca të qëlluara paralajmëruese që mbeten në kujtesë.

***

Çdo vepër e një shqiptari të shquar që rikëndohet në një gjuhë të huaj, paraqet një festë dhe risi për pasurimin e bibliotekave të sentimenteve tona letrare. Selekcioni i përkthyer me mjeshtëri profesionale nga Baki Ymeri, grupon poemat e Lulzim Tafës në ciklet *Ekspozitë me ëndrra, Këngë të tmerrshme, Parodi të zeza, Me vetëveten*, dhe, në fund: *I kam edhe dy fjalë.* Autori na i përkujton trenat e zi të mërgimit me ekspozita ëndrrash. Ballafaqohemi në këtë vëllim, të këtij poeti të talentuar, me një fushë motivesh e tematikash të llojllojshme, që nga ekzili (p.sh. poezia *Pagëzimet*), një temë e hasur, do të thoja, si pasojë e rrethanave ku arrijnë këta, një subjekt që e trajtojnë më shumë poetë shqiptarë të rikënduar në gjuhën rumune kohëve të fundit, secili duke e trajtuar sipas mënyrës së tij. *Ne nuk jemi më/ Njëri vdiq/ Tjetrin e vrau ushtria/ Disa në mërgim.../ Disa i presin trenat e zi/ Disa u bënë nuse mërgimtarësh/ E shkuan me vaje.* (Në mungesën tonë). Universi tematik i motiveve të autorit, përfshin qytetin, shiun, të shkuarën, luftën (me armatë ushtarësh të patrembur, plumba për pushtuesin e kështu me rradhë). Shembuj mund të jenë poemat *Luftëtari, Kusarët dhe lulëkuqet, Reportazh i luftës së shenjtë* etj. Pastaj, konkretisht, konflikti në Kosovë, me poema si *Të fuqishmit, Atmosferë lufte...*

Përveç kësaj, autori kundron edhe në drejtim të pasqyrës, kah përjetimet personale, sentimentale, dhe shkruan me një ndjeshmëri të veçantë edhe për dashurinë, për kujtimet dhe kohët e shkuara, për luftën çlirimtare, për përditshmërinë dhe atdheun etj. Me të gjitha këto, është vështirë të thuhet nëse kemi një temë apo motiv qëndror, por aftësia e autorit për t'i nusëruar fjalët me fjalë dhe ndjenjat me ndjenja, na shpie më parë në mendimin se kemi të bëjmë me një seleksion briliant nga disa vëllime paraprake, gjë që ndikon që kjo përmbledhje të duket si njëfarë mozaiku i veçantë që josh vëmendjen e lexuesve tanë. Vlen të shënojmë se autori përmend me admirim emra e vende, personazhe legjendare dhe folklorike, objekte dhe subjekte që e ndërlidhin këtë univers magjik që don të thotë Shqipëri/Kosovë: Teuta, Gjergj Elez Alia, Drini, Rozafa, Shkodra, Ulqinji etj., apo çiftelia si instrument popullor i njerëzve të vendit. Por edhe mjeshtëria artistike e Lulzim Tafës, i një fjalori të veçantë, relativisht i pasur, me një „dekor" të larmishëm që përfshin qytetin, përditshmërinë, fushëbetejat, lashtësinë shqiptare, apo livadhet e Kosovës dhe jo vetëm kaq.

Poeti posedon një shpirt të florinjtë dhe kosntrukton, herë pas here, figura stilistike dhe shprehje poetike interesante në kuadrin e një game variacionesh të ndryshme që ndërlidhen me opcionin e tij. Disa shembuj: „për çdo ditë më thahen/ frytet e imagjinatës"; „e vesha/ dhe çvesha/ lëkurën e lisave"; „harta e dhembjes/ e skalitur mbi buzë"; „trishtimin/ do ta vëmë të gjallë/ në arkivol"; „shtegtarit/.../ do t'ia marrim/ bagazhin e dhembjeve". Janë, madje, edhe disa shembuj të shkëlqyer që reflektojnë një imagjinatë të bujshme, si: "zjarrin e skëterrës/ kush do ta shuajë". Disa poema, edhepse ngërthejnë metafora unteresante, mbajnë tituj të thjeshtë në krahasim me peshën e vargjeve, ku e krreh natën porsi një femër të lehtë. Ja ku e keni njërën nga to! „Po deshe/ Merre krehrin/ Krihe Natën/ Si rrospinë.../ Thonjtë ngjyrosi... (Dorëheqje)

Disa poezi tjera posedojnë një latim të rëndomtë, si *Deklaratë patetike,* për shembull. Përndryshe, edhe poemat kushtuar dashurisë kanë një intenzitet të lartë, edhepse në disa sosh defilojnë sintagma si "kusar i dashurisë" etj., por ekzistojnë në këtë vëllim vlerash të veçanta, edhe disa poezi të mrekullueshme në adresë të Ajkunës, apo, ***Muzat shqiptare që të joshin me mjaltën e qiejve të fjalës***. Nga një plan tjetër, duke u nisur nga ideja e Flaubertit, sipas të cilit forma është "trupi i mendimit", te Lulzim Tafa ekuilibri ndërmjet formës dhe substancës nuk është i çekuilibruar, ndërsa simbolistika, mugujt e kuptimeve, nuk mund të themi se mungojnë. Autori kërkon të konferojë universin e krijuar përmes identitetit të plasuar në varg, duke e konfiguruar pa shtypje, pa këmbëngulje në të shprehur, dhe pa ndonjë prapavijë patetike, por shpeshherë me nyanca të qëlluara paralajmëruese që mbeten në kujtesë.

Përfundimisht mund të themi se kemi para nesh një vëllim me një numër të konsideruar plusesh, të një autori që dëshmon njohjen e fjalorit të gjuhës së tij, por edhe shijen për një farë diversiteti tematik. Poeti është, ndërkaq, një „kërkimtar", një kavalier apo mburojë e fjalës që kërkon një misionar që hulumton rrugë të ndryshme nëpër botën e gjuhës dhe shprehjeve poetike, derisa e gjen shtegun e vet. Dhe vlen të konkluzionojmë se, duke e lexuar Lulzim Tafën, kuptojmë se fëmija e çdo nëne bëhet poet, apo: „kur hidhërohen hyjnitë/ lindin poetët". Nuk ma merr mendja se në rastin e tij janë hidhëruar hyjnitë, apo se është një „fëmijë më shumë" i poezisë, por ai është një shteg i ndritur që gjendet në brigjet e atdheut të poezisë, sidomos me një hap të mbarë që ka depërtuar nëpërmjet portës së ëndrrës, tejmatanë së cilës muzat derdhin në pendën e tij, mjaltën e qiejve të fjalës. _(Titulli në original i parathënies: Trenat e zi të mërgimit dhe ekspozitat me ëndrra)_

Marius Chelaru

BIBLIOGRAFI E SHKURTË

Lulzim Tafa u lind më 2 shkurt 1970, në Lipjan afër Prishtinës – Kosovë. I takon brezit të poetëve të viteve nëntëdhjetë - viteve të periudhës më të vështirë për popullin e Kosovës, të cilit i kanosej shfarosja masovike nga çmenduritë dhe luftërat e Ballkanit. Shkollën fillore dhe të mesme i ka përfunduar në Lipjan. Studimet për drejtësi dhe ato të magjistraturës, i ka kryer në Fakultetin Juridik të Universitetit të Prishtinës, kurse gradën e doktorit të shkencave juridike, e ka arritur në Fakultetin Juridik të Universitetit Publik të Sarajevës. Krahas librave shkencore, është autor edhe i shumë librave të tjerë të fushës së letërsisë. Deri më tash ka botuar këto libra: "Gjaku nuk bëhet ujë" (poezi), "Rilindja", Prishtinë, 1993; "Metaforë e Pikëlluar" (poezi), "Rilindja", Prishtinë, 1997; "Planeti Babiloni" (poezi e dramatizuar), "Rilindja", Prishtinë, 1999; "I kam edhe dy Fjalë" (poezi), "Faik Konica", Prishtinë, 2011; "Punë Djalli" (poezi të zgjedhura), Gjordan-Studio, Sarajevë, 2011; "Ekspozitë me ëndrra/Expoziție de vise", Amanda Edit, Bukuresht 2012. Është përkthyer në disa gjuhë të botës dhe ka fituar shumë çmime letrare, si dhe është përfshirë në disa antologji. Po ashtu, është përfshirë në shumë aktivitete të fushës së të Drejtave dhe Lirive të Njeriut. Shkruan poezi dhe dramë, por merret edhe me kritikë letrare dhe publicistikë. Është profesor universitar në disa universitete në Kosovë dhe jashtë saj. Aktualisht është Rektor i Universitetit AAB. Lulzim Tafa jeton dhe krijon në Prishtinë.

CUPRINS - PËRMBAJTJA

BIBLIOGRAFIE SCURTĂ / 4
Trenurile negre ale exilului și expozițiile de vise /
5

Expoziţie de vise
(Ekspozitë me ëndrra)

AI ADORMIT SUB LUNĂ TIMPURILE / 10
(Ke fjetur nën hënë kohët)
AI DORMIT SUB LUNĂ / 11
(Ke fjetur nën hënë)
DUMINICILE NU MĂ STRIGĂ / 12
(Të dielave mos më thirr)
TEUTA (Teutë) / 13
MÂINE (Nesër) / 14
ȚIN MINTE CHIPUL TĂU / 15
(Fytyrën ta mbaj mend)
ORAȘ ANTIC (Qyteti i lashtë) / 16
NOAPTE BUNĂ PLOIOASĂ / 17
(Natë e lehtë me shi)
MÂINE VA PLOUA / 18
(Nesër do të bie shi)
ÎN LIPSA NOASTRĂ / 19
(Në mungesën tonë)
DEMISIA (Dorëheqje) / 20
POEȚII (Poetët) / 21

CÂND VOI MURI *(Kur të vdes)* / 22
TEORIA EXPLICAŢIEI VISELOR / 23
(Teoria e shpjegimit të ëndrrave)
DRUMURILE *(Udhët)* / 24
DECLARAŢIE PATETICĂ / 25
(Deklaratë patetike)
ERMETICE *(Hermetike)* / 26
COMPLEX *(Kompleks)* / 27
FRISOANELE *(Ethet)* / 28
LUNA *(Hëna)* / 29

Cântece teribile
(Këngë të tmerrshme)

MOARTEA PREVESTEŞTE / 32
(Vdekja çon fjalë)
CÂNTECE TERIBILE / 33
(Këngë të tmerrshme)
PUTERNICII *(Të fuqishmit)* / 34
LUPTĂTORII *(Luftëtarët)* / 35
ATMOSFERA DE LUPTĂ / 36
(Atmosferë lufte)
HOŢII DE MACI / 37
(Hajdutë lulëkuqesh)
BOTEZURILE *(Pagëzimet)* / 38
MOTIV *(Motiv)* / 39
NOI *(Ne)* / 40
REPORTAJ AL LUPTEI SFINTE / 41
(Reportazh i luftës së shenjtë)
TERITORII LIBERE / 42
(Territoret e lira)
TREI ZILE ALBANIE / 43
(Tre ditë Shqipni)

RAPORT DIN KOSOVA '99 / 44
(Raport nga Kosova '99)

Haiuduceşte
(Kaçakçe)

IUBIRE DE HAIDUCI / 46
(Dashuri kaçakësh)
JUCĂRII (Lojra) / 47
LUPTĂ (Luftë) / 48
DESPĂRŢIREA INEXPLICABILĂ / 49
(Ndarje e pashpjegueshme)
CONTRAVEGHERE / 50
(Kundërvëzhgim)
NERECUNOŞTINŢĂ / 51
(Mosmirënjohje)
POTOPUL (Përmbysja) / 52

Parodii negre
(Parodi të zeza)

VITEAZUL PRINCIPAL / 54
(Kryetrimi)
DISPERAREA (Dëshpërim) / 55
LUPTĂTORUL ŞI FEMEIA / 56
(Luftëtari dhe luftëtarja)
ALTARUL (Altari) / 57
BLESTEMUL (Nama) / 58
APA (Uji) / 59
CÂINELE MINISTRULUI / 60
(Qeni i ministrit)

Cu sinele meu
(Vetë me vete)

CÂND A ÎNNEBUNIT BARDHI / 62
(Kur u çmend Bardhi)
CU SINELE MEU / 63
(Vetë me vete)
STEJARUL (Lisi) / 64
PUBLICUL (Publiku) / 65
NORMA (Norma) / 66
PATRIOŢII (Atdhetarët) / 67
MAREA PRETENŢIE / 68
(Pretendim i madh)
EPITAF (Epitaf) / 69

Mai am încă două cuvinte
(I kam edhe dy fjalë)

FECIOARA DIN DUKAGHIN / 71
(Vasha e Dukagjinit)
PRESENTIMENTE / 73
(Parandjenjat)
CIREŞICĂ (Qershizë) / 74
IDILA (Idilë) / 75
O TOAMNĂ LA SHKODRA / 76
(Një vjeshtë në Shkodër)
ULQINAKE / 77
LAMENET / 78
PLOAIA SFÂNTĂ (Shiu i shenjtë) / 79
CEA DE A DOUA CHEMARE A PLOII SFINTE / 80
(Thirraja e dytë për shiun e shenjtë)
EROTICĂ UŞOARĂ (Erotikë e lehtë) / 81

NEÎNŢELEGERE (Mosmarrëveshje) / 82
TELEFONUL (Telefoni) / 83
IUBIRE RADIOFONICĂ (Dashuri radiofonike) / 84
EXPOZIŢIE DE VISE (Ekspozitë me ëndrra) / 85
MAI AM ÎNCĂ DOUĂ CUVINTE / 86
(I kam edhe dy fjalë)
**Muzat që derdhin në Kosovë mjaltën e qiejve të fjalës /
87**
BIBLIOGRAFI E SHKURTË / 90